AF404582

LE

MONARQUE FORT

Son Avénement en août 1850,

ÉVÉNEMENTS QUI DOIVENT ENCORE LE PRÉCÉDER;

PROPHÉTIE DE BARTHÉLEMY HOLZAUSER

(1646),

AVEC TOUS LES ACCOMPLISSEMENTS QUI SE SONT SUCCÉDÉS DEPUIS 1789 JUSQU'AUJOURD'HUI, ET L'INDICATION DE CEUX QUI DOIVENT ARRIVER ENCORE TRÈS-PROCHAINEMENT;

Par A.-J. Silvestre,

Auteur de la Chronologie des Événements à partir du 24 février 1848, faisant suite à la Concordance des Prédictions; Paris, Dentu, 1840.

Et surtout les signes *Pisces et Virgo.*
Pierre Turrel, 1542.

Prix : 1 fr.

————◆◇◆————

PARIS,

A LA LIBRAIRIE DE DENTU.

1850

LE

MONARQUE FORT

Son Avénement en août 1850,

ÉVÉNEMENTS QUI DOIVENT ENCORE LE PRÉCÉDER;

PROPHÉTIE DE BARTHÉLEMY HOLZAUSER

(1646),

AVEC TOUS LES ACCOMPLISSEMENTS QUI SE SONT SUCCÉDÉS DEPUIS 1789 JUSQU'AUJOURD'HUI, ET L'INDICATION DE CEUX QUI DOIVENT ARRIVER ENCORE TRÈS-PROCHAINEMENT;

Par A.-J. Silvestre,

Auteur de la Chronologie des Événements à partir du 24 février 1848, faisant suite à la Concordance des Prédictions; Paris, Dentu, 1840.

Et surtout les signes *Pisces et Virgo*.
Pierre Turrel, 1542.

Prix : 1 fr.

PARIS,

A LA LIBRAIRIE DE DENTU.

1850

LE MONARQUE FORT.

AVANT PROPOS.

Toutes les prophéties qui ont paru en 1789, en 1830, et depuis 1840, se résument dans l'avènement très-prochain du *monarque fort*, pacificateur, réparateur de tous nos maux; ramenant avec lui la gloire et la prospérité. Ce monarque fort: *Henri de France, cinquième du nom*, est tellement désigné et même nommé, qu'il est impossible d'élever aucun doute; la prophétie d'Orval dit: *tant sera sage le rejetton de la cap* (1); celle de saint Paterne l'appelle *le prince posthume*; Barthélemy Holzhauser le fait venir *des bords du Danube* (de Frochsdorf); Pierre Turrel dit: *son signe à lui sera Pisces*, le signe zodiacal des poissons en février; et c'est le 13 février 1820 que le duc de Berry, mourant assassiné, déclare la grossesse de la duchesse sa femme; Jérôme Bottin annonce: *un enfant du sang du roi que donneront les gens d'Artois*; et cette prophétie si positive, est signée et scellée, à Saint-Louis-des-Illois, en Amérique, par Mg. L. Guillaume Dubourg, évêque de la Louisianne, le 13 *février* 1819, aussi dans le signe des poissons, *un an jour pour jour* avant l'assassinat du prince, et sa déclaration de la grossesse de sa malheureuse veuve. Cette coïncidence n'est-elle pas remarquable. Enfin la prophétie du moine de Padoue va plus loin encore; elle nomme le monarque fort; elle dit: *L'autre du même nom de Henricus, grand ayeul à lui, moult remembrera*, etc.

Si de la désignation personnelle du monarque fort, nous passons à celle de l'époque de sa venue, nous trouvons que *les lunes* qui la précèdent dans la prophétie d'Orval, sont épuisées, que les *quatre siècles* de Jérôme Bottin qui écrivait en 1410, *sont plus qu'écoulés* (440 ans); que les *dix fois dix fois deux ans et plus* du moine de Padoue sont aussi expirés (240 ans depuis la mort de Henri IV). Enfin revenant à Pierre Turrel, si précis dans les époques de ses annonces, nous trouvons que *celui qui doit sauver le monde*, et dont la naissance a été marquée par le *signe des Poissons*, paraîtra lui-même *dans le signe Virgo* (la Vierge août 1850), où Pierre Turrel arrête le dernier terme de sa prophétie,

(1) L'authenticité de la prophétie d'Orval, et sa notoriété publique dès 1789, ont été récemment de nouveau justifiées par M. l'abbé Lacombe, chanoine de la primatiale de Bordeaux, répondant à une lettre de monseigneur l'évêque actuel de Verdun.

le retour du repos, *du travail et de la paix*. On ne peut donc douter du très-prochain avènement de ce monarque fort, promis depuis une longue suite de siècles pour mettre fin à nos discordes civiles, rendre à la France sa gloire et sa prospérité.

Mais avant d'arriver à ce moment si désiré, il nous faut peut-être encore traverser la plus grande des commotions prédite par ces mêmes prophéties, la grande crise, *qui ne sera que d'un moment*, dit une ancienne religieuse (Fin des temps, Eug. Bareste, 1840.), et après laquelle *tout rentrera dans l'ordre; toutes les injustices, de quelque nature qu'elles soient, seront réparées.*

Déjà dans la *concordance* 1840, et dans la *chronologie des événemets à partir du 24 février* 1848, nous avons rapproché les textes de nombreuses prophéties et établi la corrélation qu'elles ont entre elles dans le même but d'annoncer la fin prochaine des commotions politiques qui ont affligé la France et l'Europe depuis plus de soixante ans.

Pour compléter ce travail et démontrer d'une manière incontestable la vérité des annonces prophétiques qu'il a plu à la providence de nous adresser, nous avons pensé remplir un devoir envers les personnes vraiment religieuses, en publiant dans son entier, la prophétie de Barthélemy Holzhauser, très-frappante par le nombre d'accomplissement qui l'ont déjà justifiée; en la faisant suivre de quelques fragments de celles qui concourent plus explicitement avec elle pour annoncer l'avènement, très-prochain, du monarque fort, et préciser d'une manière plus absolue, quel est le réparateur auquel Dieu a bien voulu confier une si glorieuse et bienfaisante mission; enfin en y joignant quelques autres fragments qui, par leur disposition chronologique, semblent prédire les derniers événements qui doivent précéder cet avènement.

Etranger à toutes dissidences politiques, sans aucune vue d'hostilité, mais bien au contraire rendant justice aux efforts qui se font pour la conciliation, et soumis à tout ce qu'il plaira à Dieu d'ordonner de nous, nous serons heureux si, présentant en un même tableau les annonces prophétiques disséminées dans un grand nombre d'ouvrages, nous avons pu fixer l'attention sur l'avenir prochain qui nous est si positivement révélé.

Prophétie de Barthélemy Holzhauser, 1646. Bibliothèque de Mayence, édition de 1691.

La prophétie est écrite en latin; une biographie de Barthélemy Holzhauser, imprimée en 1799 chez la veuve Gœbhart à Bamberg et Wirebourg, se trouve à Paris à la bibliothèque, rue Richelieu, et dans plusieurs bibliothèques particulières. La biographie, ch. 3, § 4, p. 146 et suivantes, fait mention de cette prophétie qu'Holzhauser publia avec plusieurs autres, particulièrement sur l'Angleterre et la mort de Charles Ier (*ut percutiatur rex*). Elle fait aussi mention *du grand ver* représentant le chef de l'empire. Holzhauser publia ses prophéties par le conseil de ses collègues et l'autorisation des évêques (RR. DD. *Episcopi Chiemsensis*) étant alors curé de Leoggenthal en Tyrol. Il les présenta à l'empereur Ferdinand III et au duc Maximilien, électeur de Bavière.

*Traduction littérale de l'extrait trouvé dans la bibliothèque
de Mayence.*

Barthélémy Holzhauser, saint de mœurs et de réputation, mort avant la fin de ce siècle (20 mai 1658), curé et doyen de Brugen, près Mayence, a prédit les choses qui sont déjà arrivées et celles qui doivent arriver encore en ces temps de malheurs où nous sommes; il les a prédit dans ses *élucidations* sur les sept animaux rapportés par l'apocalypse. Suivant ces élucidations le sixième animal représente la révolution française. Or, tout le monde sait que l'apocalypse est un livre vraiment et uniquement prophétique des choses qui doivent arriver dans l'ère chrétienne depuis la mort du *Sauveur*, jusqu'à la fin de l'Église qu'il a lui-même fondée.

Prophétie.

1° Le peuple français a été suscité de Dieu contre lui-même et contre les autres peuples pour le temps actuel.

2° Le peuple français se mordra lui-même d'abord (1789, révolution française).

3° Il astreindra les prêtres à sa loi perverse par serment (1790, constitution civile du clergé); la plupart refuseront, mais beaucoup adhéreront; ceux qui adhéreront seront méprisés et abandonnés; ceux qui refuseront seront persécutés de diverses manières (1793-1794, emprisonnement et massacre des prêtres).

4° Les Français tueront leur roi (21 janvier 1793).

5° Les grands seront humiliés (abolition de la noblesse).

6° Beaucoup de vers courront après un grand ver (1798, le *Directoire* envoie le général Bonaparte en Egypte), voulant le *ronger et le manger*, de telle sorte que tous les peuples crieront : c'en est fait du grand ver; mais le grand ver recouvrera ses forces et dévorera tous ces petits vers (1799 et 1800, consulat; 1804, empire).

7° *Le Borustre* ne tiendra pas (la Pologne sera renversée).

Nota : Borusses, Scythes ou Sarmates à l'occident de la Prusse; pays traversé par le Dnieper, autrefois *Boristhène*, qui prend sa source en Russie, traverse la Pologne et se jette dans la mer Noire.

8° Les Français occuperont de grandes villes en Belgique et sur le Rhin (empire français).

9° Malheur à toi Italie; malheur à toi Venise (guerres d'Italie sous le consulat et l'empire; 16 mai 1797, chûte de la république de Venise : révolution de 1848, siége de Venise, reddition, 22 août 1849).

10° Ce chien, avide de sang, viendra jusqu'à Rome (révolution romaine en 1848, siége et reddition, 5 juillet 1849).

11° Cette ville sera pendant un an sans pasteur (Pie IX est absent de Rome depuis le 24 novembre 1848).

12° L'Angleterre entière retournera à la foi et à l'union (1).

(1) 21 décembre 1849. Extrait du journal l'*Union*. On se ferait difficilement une idée du progrès du catholicisme dans la capitale de l'Angleterre. Partout il devient nécessaire de remplacer les chapelles par des églises dont la grandeur et la magnificence annoncent la foi et la charité des néophytes.

13° La Germanie vaincra les Français sur le Rhin. (1813-1814, chute de l'Empire, Restauration).

14° Il s'établira des Français près le Danube. (A Frochsdorf, 1844).

15° Ce conflit durera peu. (Troubles de l'Europe en 1848 et 1849 : Plusieurs prophéties fixent le terme des révolutions vers la fin de 1850).

16° Près le Danube (à Frochsdorf) Dieu se choisira un peuple fidèle et se suscitera un *monarque fort* qui soumettra entièrement *profligabit* les Français.

17° Joseph son frère (l'empereur François-Joseph, 6 décembre 1848) sera un autre dominateur. *Lethifer alter erit.* (Soumission de la Lombardie et de la Hongrie).

Nota. Les têtes couronnées ont coutume de s'appeler *frères* dans leurs relations publiques et privées.

18° Le roi de France, avec un monarque puissant, (plusieurs prophéties désignent le souverain pontife) soumettra *profligabit* tous ses ennemis.

19° Toutes les Républiques tomberont.

20° Il y aura alors un concile général où la foi catholique sera déclarée si clairement et si ouvertement, que les protestants et même les juifs s'y convertiront. (Plusieurs conciles provinciaux, en France et à l'étranger, semblent être préparatoires de ce prochain concile-général.)

21° Il y aura alors une paix longue et durable.

22° Après cette longue paix suivra la suprême malice *summa malicia*, et dans cet intervalle paraîtra l'Antechrist, qui est désigné par le septième animal ; et, alors, sera la fin.

Nota. Une récente explication de l'apocalypse, par l'abbé Charbonnel du diocèse de Mende, semble annoncer une rénovation du globe pour l'entrée du siècle prochain. Voir aussi, la méditation du père Nouet, jésuite, insérée dans la dévotion au Sacré-Cœur de Jésus. (p. 176, L. 8.)

23° L'empire Romain (la puissance de Rome, antique et moderne) durera jusqu'au règne du *fils de perdition.*

Germanie convertis toi au Seigneur ton Dieu. Et vous fondateurs et exécuteurs des lois, abstenez-vous de vos injustices ; vous, ô prêtres, préparez-vous, veillez et priez : car si vous n'observez toutes ces choses, vous périrez tous semblablement.

Telle est cette remarquable prophétie, que seize accomplissements successifs ont déjà justifiée et que sa concordance avec les autres prophéties, justifie encore pour ce qui reste à accomplir.

Dans la *concordance des prédictions, Denta,* 1840, et dans *la chronologie des événements à partir du 24 février 1848,* nous avons rassemblé les prophéties relatives à la restauration, la révolution de 1830 et celle de 1848 : La précision de leurs annonces et la multitude des accomplissements qui se sont rapidement succédés, les ont pleinement confirmées. Nous en joindrons ici quelques autres qui, avec celle de Barthélemy Holzhauser concourent à annoncer l'avènement du *monarque fort,* donnent l'époque de sa venue et fixent la marche chronologique des événements qui semblent devoir encore la précéder.

1. — Prophétie attribuée à une religieuse de Poitiers. (*Voir les destinées futures de la France*; ouvrage imprimé, 1er janvier 1832, chez Levasseur, rue du Petit-Bourbon-Saint-Sulpice, n° 8, à Paris.)

« Une colonne de feu paraîtra sur Paris, dans le mois d'avril. Le pre-
« mier jour elle sera bien élevée; le second, elle s'abaissera. Les braves
« gens auront le temps de fuir et de se soustraire au danger : les mé-
« chants parcourront les rues et les places en blasphémant le saint nom
« de Dieu; une grande partie s'obstinera à demeurer dans la ville, et le
« troisième jour la colonne embrasera Paris. Un grand nombre de mé-
« chants s'enfuiront dans une ville bâtie sur les bords du Rhône; la ven-
« geance céleste les poursuivra. Au mois d'août, une grande bataille dans
« la plaine de Saint-Fond; c'est là où Dieu manifestera sa gloire et ven-
« gera son Eglise. La bataille sera des plus sanglantes; les chevaux nage-
« ront dans le sang. Après, deux grands rois se donneront la main en
« signe d'alliance, et la plus grande paix régnera. »

NOTA. Pierre Turrel fixant le terme des révolutions en août 1850, il semble que le mois d'avril dont il est ici question, soit aussi en 1850 : la colonne de feu concorde encore avec d'autres prophéties et quelques traditions qui voyent des incendies dans le quartier du Palais-Royal et de la Bourse; Mlle Lenormand, dont nous parlerons plus loin dit : « Je vois « des lueurs sinistres : ce sont des flammes qui consument *Babylone* « (Paris). Le tocsin sonne... la foule se précipite dans les rues. Un tem- « ple consacré, un palais renfermant tout ce que l'art a de plus précieux « (serait-ce le Palais-Royal); plusieurs quartiers ont disparu. » La ville de Lyon paraît être celle indiquée par la prophétie comme le dernier re- fuge des révolutionnaires; les menées démagogiques dont elle est le foyer viennent à l'appui de la prophétie; la bataille au mois d'août précéderait de peu l'avènement du monarque fort. *La plaine de Saint-Fond* où doit se donner cette dernière bataille est auprès des Brotteaux sur la route de Lyon à Marseille. Toutes ces considérations donnent à la prophétie une grande importance par son rapprochement avec les autres qui concourent à la justifier. Nostradamus dit, centurie 3, quatrain 93 :

Dans Avignon tout le chef de l'Empire
Fera arrest pour Paris désolé,
Tricast (1) tiendra l'annibalique ire (2),
Lyon par change sera mal consolé (3).

Les deux grands rois qui doivent se donner la main ne peuvent être que le monarque fort et le pape, comme le démontrent beaucoup d'au- tres prophéties et particulièrement celle qui suit :

2. — Prédiction de Deleuze, cultivateur à Villeneuve-de-Berg, mort le 10 décembre 1829. (Extrait tiré du même ouvrage.)

« Il y aura beaucoup de sang versé, un grand carnage, sutout de-

(1) Saint-Paul-Trois-Châteaux.
(2) Arrêtera la fureur républicaine.
(3) Mgr Saussol, évêque de Séez, avait rapporté de son émigration en Italie la prophétie d'un saint prêtre, où la ville de Genève était nommée comme devant être l'une des victimes des révolutions politiques.

« puis Marseille jusqu'à Paris. Les troupes étrangères viendront abreuver
« leurs chevaux dans les eaux du Rhône. Paris sera saccagé et détruit :
« On y verra l'herbe naître dans les rues.

« La France s'épurera.

« Charles X ne régnera plus : il abdiquera en faveur d'un jeune prince
« de sa race qui établira sa capitale dans le Midi.

« La Chambre sera écrasée sous le nouveau roi, d'accord avec un
« grand pape : Les lys reprendront toute leur beauté, la religion tous ses
« droits et tout son empire ; et la France jouira de la paix.

« Il n'y aura pas de malheur là où habitent les vrais Gaulois. »

Nota. Cette prophétie se concorde avec toutes les autres pour
annoncer le prince en faveur duquel le roi Charles X a abdiqué la couronne et le concours du pape pour le placer sur le trône ; elle annonce
les mêmes événements avant le retour du calme et de la paix ; elle place
aussi le trône au midi de Paris comme la religieuse de Bellai (concordance 1840) et Nostradamus qui dit, centurie première, quatrain 93 :

> Le grand empire sera tôt translaté
> En lieu petit qui bientôt viendra croître,
> Lieu bien infime d'*exiguë comté*,
> Où au milieu viendra poser son septre.

Ce *lieu petit d'exiguë comté* ne serait-il pas la ville et le comté de
Blois où se tinrent les Etats en 1576 et 1588. Ne serait-ce pas le château
de Chambord déjà célèbre et dont l'histoire est si intéressante depuis Robert le fort en l'an 855 ? N'est-il pas au midi de Paris, *au milieu* du comté
de Blois ? N'a-t-il pas été pendant longtemps la résidence de nos rois ?

Deleuze parle aussi d'un grand pape et Nostradamus dit encore, centurie 6, quatrain 3 :

> Fleuve qu'éprouve le nouveau nai celtique
> Sera en grande de l'empire discorde,
> Le jeune prince par *gent ecclésiastique*
> Otera le septre, coronal de concorde.

3. — Tableau des trois époques 1829. (Extrait du même ouvrage.)

« Un temps viendra où du Nord au Midi il coulera des ruisseaux de
« sang par suite d'un combat terrible. Les méchants croiront un moment
« triompher ; mais les bons, tout à coup secourus, seront victorieux. La
« crise ne durera pas plus de trois mois et la victoire des bons se réalisera
« en un moment.. Ensuite la religion, l'ordre, la paix régneront admi-
« rablement. »

4. — Thomas-Joseph Moult ; prophéties écrites à Saint-Denis, en France,
l'an de N. S. 1268, sous le règne de Louis IX (saint Louis) et
comprenant depuis l'an 1521 jusqu'en l'an 2024.

Pour 1850.

« Emotion populaire dans une grande ville :
« Un grand prince montera sur le trône. »

Nota. Les prophéties qui précèdent et celles qui suivent, disent clairement que la grande ville est Paris et le grand prince, le monarque fort.

5° *Fragment de la prophétie de Jérome Bottin 1410, signée et scellée à saint Louis des Illinois, Amérique, par monseigneur L. Guillaume Dubourg, évêque de la Louisianne, le 13 février 1819*, dans le signe des poissons signalé par Pierre Turrel, un an jour pour jour avant l'assassinat du duc de Berry, 13 février 1820, et sa déclaration de la grossesse de la duchesse, sa femme.

« Mais après que quatre siècles seront plus qu'écoulés, les autels de
« Béelzébut seront détruits ; les ouvriers d'iniquité seront dissipés, et
« périront ; la rosée du ciel descendra sur la terre désolée et sur l'Eglise
« éplorée, et il y aura *un enfant du sang du roi que donneront les gens*
« *d'Artois :* il gouvernera avec honneur et prudence la France et l'esprit
« du Seigneur sera avec lui ; c'est ce que dit le Seigneur.

6° *Prophétie d'un moine de Padoue, seizième siècle.* (Bibliothèque de
Milan, 1809, *Gazette de France*, 10 juillet 1840)

La prophétie, après avoir annoncé la naissance de Henri IV, son règne et son assassinat, ajoute : « *L'autre du même nom de Henricus* grand
« aveul à lui, moult remembrera, après que dix fois dix fois deux ans et
« plus, voira Gallie et Popu'us d'icelle conclutines czmains, aux magnes
« esbahissement de joie aux Asiastiques et aux Européans. »
Est-ce clair ?

7° — *Prophétie de Pierre Turrel*, 1542. Extrait (Almanach
prophétique, 1847).

« ... Les temps sont proches où la voix de Dieu doit se faire entendre.
« Mais il faut encore que l'homme souffre dans sa chair, dans son cœur
« et dans son esprit. Conspirations et combats meurtriers! Les peuples
« se soulèvent au Nord et au Midi, à l'Orient et à l'Occident.
« ... L'ennui mortel dévore les uns, la misère profonde décime les
« autres ; tous sont bien malheureux !
« Grand Dieu ! grand Dieu ! qui sauvera ton peuple ! . . . . . .
. . . .
« Oubliez vos peines, calmez vos douleurs, séchez vos larmes: l'homme
« qui doit vous sauver va paraître. Vous le reconnaîtrez à sa foi ardente,
« à sa face rayonnante et belle. Il paraîtra dans le signe *Virgo* (la vierge)
« et son signe à lui sera *Pisces* ; (les poissons), sa devise sera *Paix*
« *et Travail !* et il affrontera toutes les persécutions pour faire
« croire en Dieu à ceux qui n'ont plus de croyance, et répandra la vive
« et bienfaisante lumière de la religion dans un monde sans foi.....
« ... Je ne dis dans quel temps se passeront toutes ces choses, ajoute
« Pierre-Turrel, et quand viendra *celui* qui doit sauver le monde, Dieu
« seul le sait. Mais qu'on se souvienne des nombres milliaires de notre
« seigneur Jésus-Christ suivis de : 796, poissons, 8 ; — 814, bélier, 30 ;
« — 829, poissons, 19 ; — 830, poissons, 1 ; — 831, capricorne, 4 ; —
« 832, écrevisse, 6 ; — Vierge, 28 ; — 848, lion, soleil ; — 850, la
« vierge ; et surtout les signes *Pisces* et *Virgo*. »

Des diverses époques que nous signalons d'après Pierre Turrel, quatre sont particulièrement remarquables : Février 1796, apparition du général Bonaparte sur la scène politique, sa nomination au commandement en chef de l'armée d'Italie ; mars 1814, sa chute, bataille de Paris ; restauration ; février 1830, procès des journaux le *National* et le *Globe*, suivis de la révolution de juillet ; juillet 1848, pouvoir exécutif, présidence du général Cavaignac après les journées de juin.

Cet auteur fixe encore plus spécialement l'attention sur les signes des poissons (février) et de la vierge (août) : le premier comme précurseur *de celui qui doit sauver le monde* ; l'autre comme moment précis de son arrivée : or ce fut le 13 février 1820 que le duc de Berry, mourant assassiné, déclara la grossesse de la duchesse, sa femme ; c'est aussi le 24 février 1848 que Louis-Philippe a été renversé, et Pierre Turrel arrête, au signe de la vierge (août 1850), le dernier accomplissement de sa prophétie, le retour du *travail* et de la *paix*. En rapprochant ces chiffres de ceux indiqués par les *lunes* de la prophétie d'Orval, des *quatre siècles* de Jérome Bottin de Cahors et des *dix fois dix fois deux ans et plus* de celle du moine de Padoue, on arrive au même résultat, la fin des comotions politiques pour un moment très-proche de celui où nous vivons.

Dieu le veut ! a dit le vicomte d'Arlincourt. Dieu le veut ! disent aussi les prophéties qui, depuis Isaïe jusqu'aux temps rapprochés de nous, ont annoncé la révolution française, la perturbation générale de l'Europe et la sublime mission réservée au monarque fort, au descendant de *Constantin*, de *Charlemagne* et de *saint Louis* comme l'a dit saint François de Paule en 1483 sous le règne de Louis XI, et tout récemment encore une sybille dont on sera moins étonné de retrouver ici les annonces prophétiques quand on se souviendra que Dieu permit quelquefois aux devins de l'antiquité de prédire la vérité, à la pythonisse d'Andore d'évoquer l'ombre de Samuel et à l'ânesse de Balaam de parler à ce faux prophète ; voici donc ce qu'a prédit Mlle Lenormand, dont les annonces cabalistiques ont tant de fois présagé l'avenir :

8° *Prophétie de Mlle Lenormand.* Extrait des dernières prophéties de Mlle Lenormand, avec commentaire, par Hortensius Flamel, 1843.

« Je vois l'époque d'un roi qui s'accomplit (24 février 1848) : ni régence ni règne d'un enfant ne succéderont. Un exilé reviendra, et la couronne sera posée sur sa jeune tête.

« Lis qu'on a brisé, mais qu'on n'a pu arracher, tes blanches fleurs de nouveau vont éclore. Les suaves parfums de tes symboliques corolles arrivent jusqu'à moi Autour de ta tige veillent des amis fidèles et dévoués. Ils attendent *un cri que doit pousser ton peuple ;* et alors tu remonteras sur le trône de tes aïeux.

« Le souverain pontife, celui qui règne sur la ville éternelle, quittera son trône et déposera ses clefs, pour venir oindre la tête *du jeune exilé,* et le peuple poussera des cris de joie en contemplant une nouvelle ère.

« Le royaume deviendra *encore une fois un empire.* Les limites autrefois posées par l'aigle te seront reconnues et accordées par tous ceux que tu touches, et une alliance qui te convient sera formée avec un grand peuple.

« O France ! que tu sera grande alors ! Si grande que tous les empires et tous les royaumes ambitionneront ta gloire et ta splendeur. Maîtresse du monde, tu dicteras des lois qu'il s'empressera de suivre. »

Mademoiselle Lenormand ne s'accorde-t-elle pas avec les autres prophéties pour annoncer la venue du monarque fort, l'éclat et la prospérité de son règne, la coopération du *Souverain Pontife*, enfin la grandeur de la France *dont le monde s'empressera de suivre la loi.*

Le royaume deviendra encore une fois un empire; il semble en effet que le *monarque fort* soit destiné à renouveler l'empire de Charlemagne : Ubertin d'Otrante (abbé Werdin), parlant aussi de *l'Aigle d'Occident,* vient à l'appui de mademoiselle Lenormand.

La sybille annonce encore une pluie de boulets dans les rues, le bombardement par les forts, l'incendie de plusieurs quartiers, le feu mis par la populace furieuse, etc. *Quel feu va avec ses flèches,* dit la prophétie d'Orval. Mais ce qui précède suffit pour établir la concordance de toutes les prophéties entre elles et la réalité des prévisions de mademoiselle Lenormand.

9°. — *Prophétie d'une ancienne religieuse.* Extrait d'Eugène BARESTE (Fin des temps, 1840).

« ... Je vis dans ce moment un gros nuage, j'entendis des voix confuses qui criaient, les unes : *Vive la République !* les autres : *Vive Napoléon !* les autres : *Vive la Religion et le grand monarque que Dieu nous garde !* En même temps il se donna un grand combat, mais si grand qu'on n'en avait jamais vu de semblable ; le sang coulait comme quand la pluie tombe bien fort, surtout dans le midi jusqu'au nord ; car l'ouest me parut tranquille...

« ... Le temps de tous ces bouleversements ne sera pas de plus de trois mois, et celui de la grande crise, où les bons triompheront, ne sera que *d'un moment.* Quand les méchants auront répandu une très-grande quantité de mauvais livres, ces événements seront proches. Aussitôt qu'ils seront arrivés tout rentrera dans l'ordre, toutes les injustices, de quelque nature quelles soient, seront réparées, etc. »

Cette autre prophétie a déjà reçu plusieurs accomplissements : la République, la bénédiction des arbres de la liberté, la présidence de Louis-Napoléon. Elle annonce *le grand monarque* comme Barthélemy Holzhauser *le monarque fort*, et Pierre Turrel *celui qui doit sauver le monde.* Elle concorde avec toutes les autres prophéties pour la nature des événements, et principalement avec celle de Pierre Turrel pour le peu de temps qu'il nous reste à les attendre, puisque celui-ci fixe la fin des révolutions *au signe de la Vierge* (août 1850). Mais quelle sera *la grande crise d'un moment* par laquelle il nous faut passer auparavant ? *Le feu avec les flèches,* de la prophétie d'Orval (concordance 1840); *les lueurs sinistres,* de mademoiselle Lenormand semblent nous faire craindre encore quelque grande commotion que la religieuse de Poitiers paraît placer en avril 1850.

Nous ne pousserons pas plus loin l'exposé des preuves du prochain avènement du monarque fort appelé à de si hautes destinées ; nous ajouterons seulement les paroles rassurantes que donnent encore les prophéties : *Pourtant les justes ne périront pas* (ORVAL).

Il n'y aura pas de malheur là où habitent les vrais Gaulois (Cultivateur DELEUZE).

Que la gent de bien se tienne cote (SAINT PATERNE, voir la Chronologie à partir du 24 février 1848).

Nous dirons aux personnes qui pourraient s'effrayer des malheurs dont nous sommes encore menacés : « Prenez courage, ayez patience et priez « Dieu de nous en préserver ; confiez-vous en lui ; il vous protégera. »

Nous ne devons donc pas nous effrayer, mais prier Dieu d'*abréger ces temps de malheurs* (comme il est dit dans l'Évangile) et de hâter l'avènement qu'il nous promet dans sa miséricorde.

N. B. Dans tout ce qui précède nous avons cité ou reproduit quelques prophéties qui se trouvent soit dans la *Concordance des prédictions,* soit dans la *Chronologie des événements à partir du 24 février 1848,* publiées par nous chez Dentu, en 1840 et en 1849 ; on y retrouvera plus en détail les annonces des événements qui ont particulièrement signalé la révolution de 1848.

SILVESTRE,

1, rue Beautreillis.

Frère du maréchal-des-logis des gardes-du-corps qui, le 29 septembre 1820, commandait le poste du pavillon de Marsan, et a assisté à la naissance du comte de Chambord.

1850.

PISCES ET VIRGO. — LE MONDE IL SAUVERA.

Chant prophétique : Pierre Turrel, 1542. Paroles et musique de A. J.
Silvestre ; à Paris, chez Pâté, passage du Grand-Cerf, et chez tous les
marchands de musique.

I

Sous le signe *Pisces* (1) un jour la France en deuil
Rencontra l'espérance auprès d'un noir cercueil,
L'espérance lui dit : mets fin à tes alarmes,
Bientôt naîtra (2) celui qui doit sécher tes larmes.

II

A ce signe *Pisces* on le reconnaîtra ;
Sous le signe *Virgo* (3) bientôt il paraîtra
Rayonnant de beauté, la paix est sa devise,
Aux hommes le travail, des enfants à l'église.

III

Pierre Turrel le dit : nos maux il guérira ;
Nous rendra le repos, le monde il sauvera.
Vierge ! reine des cieux ! toi que la France honore,
Exauce enfin les vœux d'un peuple qui t'implore.

(1) 13 février 1820. — (2) 29 septembre 1820.
(3) Du 15 août au 15 septembre 1850.

CHAMBORD

SON PASSÉ, SON AVENIR

855 — 1850

PAR A.-J. SILVESTRE.

Perenne ut amnis !

Chambord, quoique peu mentionné dans l'histoire avant 1515, y occupe néanmoins une place importante comme dépendance du comté de Blois. Dès le neuvième siècle il appartint à Robert le Fort, tige de la race non interrompue de nos rois, lequel le laissa à son second fils Robert. Après avoir été possédé successivement par plusieurs familles, on le voit, sous le règne de Louis XII, rentrer dans le domaine de la couronne, puis en être distrait de nouveau sous Louis XIII, pour enfin, le 5 mars 1821, redevenir la propriété de l'héritier du trône, qui maintenant exilé par les vicissitudes des révolutions, en a pris le nom adoptif qu'il porte aujourd'hui en souvenir du don qui lui fut fait de ce domaine par sa patrie bien aimée...

N. B. En écrivant l'histoire du château de Chambord, que nous nous proposons de publier très-incessamment, nous avons en particulièrement en vue ce que ce célèbre manoir a de remarquable par la succession de ses illustres possesseurs, depuis Robert le Fort jusqu'aujourd'hui, et l'auréole mystérieuse qui n'a cessé de briller sur lui dès son origine et chaque fois qu'il est rentré dans l'auguste maison de France, dont il a été pour ainsi dire le berceau.

Imprimerie PILLOT frères et Comp.